Vorschläge

zur

Reform der Volksversicherung

in Deutschland.

Berlin 1906.

J. Guttentag, Verlagsbuchhandlung,
G. m. b. H.

Unter den Vorzügen unserer öffentlichen Arbeiterversicherung ist es nicht der kleinste, dass sie, sich in den richtigen Grenzen haltend, den Gesetzeszwang und die Staatshilfe nur soweit erstreckt, als es notwendig war, um die im Interesse der öffentlichen Wohlfahrt gesteckten grossen wirtschaftlichen und sozialen Ziele zu erreichen, dass sie aber nicht auf das Gebiet hinübergegriffen hat, das besser und erfolgreicher der Privatinitiative überlassen bleibt. So ist die grosse Schöpfung der öffentlichen Zwangsversicherung im allgemeinen kein Hemmnis für die Weiterentwickelung der Privatversicherung geworden; im Gegenteil, sie hat geholfen, den Versicherungsgedanken und das Verständnis hierfür in den weitesten Volksmassen lebendig werden zu lassen. Und jedenfalls muss rühmend anerkannt werden, dass die deutsche Privatversicherung in der Unfall- und Haftpflichtversicherung sowohl wie in der Lebensversicherung bei Bearbeitung des ihr überlassenen Gebiets ausserordentlich viel Geschick und Tatkraft bewiesen hat. Neben der grossen Lebensversicherung, die in den letzten Jahrzehnten bei uns, gleichen Schritt haltend mit dem allgemeinen Aufschwung unseres Volkswohlstandes, ihre kapitalerhaltende und kapitalbildende Kraft in glänzender Weise entfaltet hat, ist es namentlich die deutsche Volksversicherung, die in ihrer noch jugendlichen Entwickelung staunenswerte Erfolge aufzuweisen hat.

Wir verstehen im folgenden unter Volksversicherung die von Grossunternehmungen betriebene Versicherung kleiner Summen auf den Todesfall — nach den zur Zeit üblichen Einrichtungen der deutschen Volksversicherer meist im Höchstbetrage von 1000 M., bei einzelnen Anstalten bis zu 1500 M. — ohne ärztliche Untersuchung oder mit vereinfachter Untersuchung und gegen fortlaufende Beitragszahlung für kleine Zeitabschnitte — Wochen oder Monate. —

Bei dieser Begrenzung unserer Untersuchung scheidet die von altersher durch lokale oder berufliche Vereine, Gilden, Kassen betriebene Versicherung von Sterbegeldern aus und wird nur die eigentliche moderne Volksversicherung erfasst, wie sie in Deutschland erst seit einigen Jahrzehnten im Grossbetrieb eingeführt worden ist und erst seit etwa 25 Jahren eine volkswirtschaftlich und sozial bedeutungsvolle Rolle spielt.

Indem wir von der Volksversicherung als Todesfallversicherung ausgehen, wird selbstverständlich auch die sog. alternative oder gemischte Versicherung mitumfasst, bei der die Auszahlung der Versicherungssumme nicht bloss für den Fall des Todes einer bestimmten Person, sondern auch für den Fall der Erreichung eines bestimmten Lebensalters dieser Person versprochen wird, während die reine Erlebensfallversicherung (Aussteuer-, Militärdienstversicherung usw.) nicht in die Betrachtung einbezogen wird.

In diesem umgrenzten Sinne ist die Volksversicherung eine neuzeitliche eigenartige Erscheinung. Sie stellt es sich zur Aufgabe, auf dem sicheren Grunde der modernen Lebensversicherungstechnik und mit den Mitteln des Grossbetriebs den Gedanken und die Wohltaten der Lebensversicherung in die weitesten Kreise der minderbemittelten Bevölkerungsschichten, insbesondere auch in die Arbeiterwelt zu tragen. In kurzer Frist hat sie auf dem Wege zu diesem Ziele erstaunlich grosse Erfolge erreicht und ihre segensreiche erzieherische Kraft bewährt, auch die ärmsten Schichten unseres Volkes zu wirtschaftlicher Selbsthilfe und freiwilliger Fürsorge für ihre Zukunft anzuregen.

Es genügt, hier darauf hinzuweisen, dass nach den vorläufigen Ergebnissen der vom Kaiserl. Aufsichtsamt für Privatversicherung bearbeiteten Versicherungsstatistik für 1905 die unter Reichsaufsicht stehenden 13 Unternehmungen, die sich mit der Volksversicherung befassen, nämlich 11 Aktiengesellschaften und 2 Gegenseitigkeitsvereine, Ende 1905 lediglich an Volksversicherungen einen Bestand von 5 283 621 Policen mit einer Gesamtversicherungssumme von 922 720 000 M., also nahezu einer Milliarde, aufzuweisen hatten.

Dieser glänzenden Entwickelung der Volksversicherung auf deutschem Boden stehen aber Schattenseiten gegenüber, welche schon längst die Aufmerksamkeit der öffentlichen Kritik auf sich gezogen haben. Ueberwiegen nicht etwa sogar die mit der Volksversicherung bisher verknüpften Nachteile die Vorteile, so dass vom Standpunkte der Volkswohlfahrt aus diese Versicherungsart zu bekämpfen wäre? Sind diese Nachteile mit dem Bestehen der Volksversicherung unabänderlich verbunden oder lassen sie sich nicht durch Reformen beseitigen oder mindern? Diese Fragen haben sich naturgemäss mit der Ausdehnung der Volksversicherung den Versicherungsfachmännern nicht minder wie den Volkswirten und Sozialpolitikern aufgedrängt und bilden den Gegenstand zahlreicher wissenschaftlicher Untersuchungen.

Die beiden hauptsächlichen Einwendungen gegen die Volksversicherung in ihrer heutigen Gestalt sind die, dass sie erstens zu teuer und zweitens der Verfall der Versicherungen übermässig gross sei.

In der Tat ist die Volksversicherung wesentlich teurer als die gewöhnliche Lebensversicherung, d. h. als die Versicherung grösserer Summen auf Grund ärztlicher Untersuchung desjenigen, auf dessen Leben die Versicherung genommen wird. Sie muss nach der Natur der

Sache teurer sein und keine Weiterbildung der Volksversicherung wird diesen Unterschied gänzlich aufheben können. Aber schon jede bescheidene Verbilligung hat hier erhöhten Wert, wo es sich darum handelt, den wirtschaftlich wenigst leistungsfähigen Volksklassen eine Zukunftsfürsorge im Wege der Versicherung zugänglich zu machen, wo eine in Pfennigen sich ausdrückende Ersparnis an den Versicherungsbeiträgen (Prämien) neuen Zehntausenden und Hunderttausenden die Wohltat einer Lebensversicherung überhaupt erst erreichbar macht oder die Versicherung einer einigermassen ins Gewicht fallenden Summe erst ermöglicht.

Das ist überhaupt auf dem Gebiete des Versicherungswesens das eigentümliche, dass jede im Einzelfalle vielleicht geringfügig erscheinende Errungenschaft und Verbesserung in bezug auf den Preis oder die sonstigen Bedingungen der Versicherung durch ihre tausend- und millionenfache Wiederholung volkswirtschaftlich doch sehr bedeutungsvoll werden kann.

Indem die Volksversicherung von ärztlicher Untersuchung absieht, vermeidet sie nicht nur die der Werbetätigkeit in der Praxis vielfach entgegenstehende Schwierigkeit, die in der im Volke noch stark verbreiteten Abneigung gegen eine solche Untersuchung besteht, sondern vor allem auch die Arztkosten, welche bei Versicherungen mit kleinen Beträgen unverhältnismässig stark ins Gewicht fallen, derart, dass zahlreiche kleine Versicherungen daran geradezu scheitern würden. Andererseits aber wirkt notwendigerweise die Unterlassung der ärztlichen Untersuchung verteuernd auf den Preis der Versicherung ein, insofern für die Volksversicherung als mathematische Grundlagen andere Sterbetafeln gewählt werden müssen als für die grosse Versicherung. Während für die letztere die niedrigeren Sterblichkeitsziffern massgebend sein können, welche aus den Erfahrungen mit ärztlich untersuchten und ausgelesenen Risiken abgeleitet sind, muss die Volksversicherung mit Sterbetafeln rechnen, welche den Verhältnissen nicht ausgelesener Personen, also z. B. der gesamten Bevölkerung entsprechen. Es leuchtet ein, dass hiernach die Nettoprämien der Volksversicherung, d. h. diejenigen Prämien, welche lediglich die nach den Gesetzen der Wahrscheinlichkeit mathematisch ermittelte Höhe der Versicherungsleistungen des Versicherers zu decken bestimmt sind, grösser sein müssen als bei der gewöhnlichen Versicherung. Und hieran wird, soweit von der ärztlichen Untersuchung Abstand genommen wird, keine Reform der Volksversicherung viel ändern können, wenn sich auch die Volksversicherer gegen das Zuströmen ungünstiger Risiken in zweifacher Weise zu schützen suchen: erstens dadurch, dass sie die Versicherungslustigen mittels Fragebogens zu bestimmten Auskünften über ihre gesundheitlichen Verhältnisse anhalten und auf diese Weise offenbar ungesunde Personen von der Versicherung fernzuhalten suchen, und zweitens durch Einführung einer Karenzzeit von 1 bis 2 Jahren mit der Bestimmung, dass, wenn der Tod des Versicherten innerhalb dieser Zeit eintritt, nur die gezahlten Prämien zurück zu gewähren sind oder nur ein Teil der versicherten Summe ausgezahlt wird.

Weit mehr noch aber als sich die notwendige Anwendung von Sterbetafeln für ärztlich nicht ausgelesene Leben in den höheren Nettoprämien der Volksversicherung geltend macht, fällt verteuernd der höhere Zuschlag ins Gewicht, um den bei dieser Versicherungsform die Nettoprämie erhöht zu werden pflegt, um die vom Versicherungsnehmer wirklich zu zahlende Brutto- oder Tarifprämie zu bilden. Dieser Zuschlag, der erstens die gesamten Verwaltungskosten des Versicherungsbetriebs zu decken bestimmt ist (Verwaltungskostenzuschlag), der zweitens Sicherheit bieten soll gegen Schwankungen und Abweichungen des tatsächlichen Sterblichkeitsverlaufs gegenüber der auf den mathematischen Grundlagen beruhenden Sterblichkeitserwartung (Sicherheitszuschlag), und der drittens dem Versicherer die Möglichkeit geben soll, Gewinne zu erzielen (Gewinnzuschlag), muss namentlich, um seine Funktion als Verwaltungskostenzuschlag zu erfüllen, bei der Volksversicherung in ihrer heutigen Gestaltung unverhältnismässig hochgegriffen werden.

Es kann nicht Wunder nehmen, dass die Volksversicherung vergleichsweise höhere Verwaltungskosten erfordert als die Versicherung grösserer Summen. Wie die Geschäftsunkosten den Kleinhandel relativ mehr belasten als den Grosshandel, so werden hier, was die laufenden Verwaltungskosten anlangt, vielfach dieselben Mühen und Aufwendungen nötig für eine Versicherung im kleinsten Betrage wie für eine solche mit grosser Summe, dieselbe Schreibarbeit, dieselben Registrierungs-, Buchungs-, Rechnungsoperationen. Aehnliche Aufwendungen an Arbeitskraft, Zeit und Geld (z. B. Porto), welche für eine Versicherung von 20 000 M. erforderlich sind, müssen unter Umständen 100 fach wiederholt werden, um einen ähnlichen Geschäftserfolg in kleinen Versicherungen mit etwa je 200 M. Versicherungssumme zu erzielen. Und um die letztere bescheidene Summe herum bewegt sich in Wirklichkeit der Durchschnittsbetrag der Volksversicherungen in Deutschland.

Was von der laufenden Verwaltung gesagt ist, gilt noch mehr von der mühsamen Werbung der Versicherungen und ganz besonders von der Einziehung der in minimalen Einzelbeträgen zu erhebenden Prämien. Wenn vollends, wie dies heute vielfach und zwar sehr im Interesse der Aufrechterhaltung der Volksversicherungsverträge geschieht, die bis zu 10 Pfennig herabgehenden Wochenbeiträge beim Versicherten abgeholt werden, so leuchtet ein, dass dieser Abholungsdienst ausserordentlich viel Menschenkraft in Anspruch nimmt und dass das Inkasso bei der Volksversicherung unverhältnismässig teuer sein muss.

Der gesamte Aufschlag auf die Nettoprämie ist bei verschiedenen Anstalten und ihren verschiedenen Versicherungskombinationen verschieden, insbesondere auch je nachdem den Versicherten eine Gewinnbeteiligung eingeräumt ist oder nicht. Er bewegt sich meist zwischen 30 bis 50 % der Nettoprämien, auch 50 bis 70 % kommen nicht selten vor und vereinzelt selbst noch höhere Prozentsätze. Es kann hiernach ermessen werden, dass in der Tat hier bei dem Kostenaufschlag zu den mathematisch erforderlichen Nettoprämien die Reformbestrebungen einsetzen müssen, welche die Volksversicherung verbilligen und im Interesse der Volkswohlfahrt auf weiteste Volkskreise ausgedehnt sehen möchten. Mit jeder Verbilligung wird nicht nur das Anwendungsgebiet der Volksversicherung erweitert, sondern vor allem ihre sozial heilsame Wirksamkeit für die wirtschaftlich schwächeren Volksschichten erhöht.

Wie die Höhe der Verwaltungskosten, so ist auch der zweite grosse Mangel der Volksversicherung, nämlich der grosse Verfall abgeschlossener Versicherungen (Storno) zum Teil mit dem Wesen der Versicherungsart untrennbar verknüpft, so dass das Ziel eines gesunden Fortschrittes in der Weiterentwickelung der Volksversicherung nicht die gänzliche Beseitigung jenes Mangels, sondern nur eine wirksame Einschränkung der Fälle sein kann, in denen die Versicherungsnehmer die einmal abgeschlossenen Versicherungen vor Erreichung des Versicherungszweckes und dann stets mit empfindlichem Verlust aufgeben.

Dass der vorzeitige Abfall Versicherter bei der Volksversicherung häufiger als bei der grossen Lebensversicherung eintritt, hat seine leicht erklärliche und durch den Versicherer nicht abänderbare Ursache in der wirtschaftlich schwachen und unsicheren Lage der meisten Versicherten. Ob ein Versicherungsnehmer aus dem Arbeiterstand, ein kleiner Handwerker, ein Kleingewerbetreibender usw. die von ihm lebenslänglich oder für Jahrzehnte zu übernehmende Verpflichtung zu regelmässigen wöchentlichen oder monatlichen Beiträgen in bestimmter Höhe immer zu erfüllen imstande sein wird, unterliegt in vielen Fällen von vornherein ernsten Zweifeln, auch wenn er selbst zu den wirtschaftlich Tüchtigsten und Sparsamsten zählt. Trotz seines besten Willens können ungünstige Zeiten seinen Arbeitsverdienst so schmälern, dass ihm die Zahlung der Versicherungsbeiträge nicht mehr möglich ist. Schon geringe Schwankungen in seinen Einnahmen drücken diese unter die Grenze hinab, bis zu welcher das Zurücklegen eines Sparpfennigs und eine Fürsorge für die Zukunft noch möglich bleibt. Von den Schwankungen in den Einnahmen abgesehen, sind es aber vor Allem auch die durch aussergewöhnliche Vorkommnisse und Notfälle aller Art bedingten Ausgabesteigerungen, die im Haushalte der an der Volksversicherung Beteiligten leicht jene Untergrenze erreichen lassen und dann, wenn sie auch nur vorübergehender Art sind, zum Verfall der Versicherung durch Unterlassung der Prämienzahlung führen.

Dazu kommt, dass gerade die hier in Betracht kommenden Kreise der Minderbemittelten vielfach der wirtschaftlichen Reife und Urteilsfähigkeit entbehren, welche beim Abschluss eines langfristigen Lebensversicherungsvertrags geboten ist. Vielfach wird in diesen Kreisen die eigene wirtschaftliche Kraft optimistisch überschätzt und mit erstaunlicher Leichtherzigkeit werden lebenslängliche oder langdauernde Beitragspflichten übernommen, die bald als übermässig drückend bereut und mit privat- wie volkswirtschaftlich höchst bedauerlicher Einbusse wieder abgeschüttelt werden. Hier ist der Ueberredungsgabe der Agenten ein weites Wirkungsfeld eröffnet, auf dem, wenn mit der Rührigkeit nicht die Gewissenhaftigkeit gleichen Schritt hält, viel Unheil gestiftet werden kann. Von grösster Wichtigkeit ist es daher bei jeder Weiterbildung der Volksversicherung, wieweit es gelingt, unlautere Elemente aus dem Agententum fernzuhalten. Wir werden Veranlassung haben, auf diesen Punkt unten bei Besprechung der von uns zu machenden Reformvorschläge zurückzukommen.

Es ist den die Volksversicherung betreibenden deutschen Gesellschaften der Vorwurf gemacht worden, dass sie geradezu auf den Verfall der Versicherungen spekulierten und in dem grossen Storno eine willkommene Gewinnquelle sähen. Wir halten diesen Vorwurf für ungerechtfertigt.

Der Versicherer hat für die Anwerbung der kleinen Versicherungen so erhebliche Aufwendungen zu machen, dass ihm aus den Prämien für solche Versicherungen, welche schon nach kurzem Bestande wieder in Verfall geraten, kaum ausreichender Ersatz, geschweige denn ein irgend nennenswerter Gewinn erwächst. Erfahrungsgemäss verfallen aber die weitaus meisten Versicherungen schon im ersten Jahre nach dem Abschlusse, viele auch noch im zweiten Versicherungsjahre, während demgegenüber die Zahl der später verfallenden Versicherungen ausserordentlich zurücktritt. Jedenfalls hat die Gesellschaft selbst das lebhafteste Interesse daran, dass die bei ihr abgeschlossenen Versicherungen aufrechterhalten werden, weil erst die längerbestehenden Versicherungen ihr eine Gewinnmöglichkeit bieten. Tatsächlich muss auch anerkannt werden, dass die deutschen Volksversicherer nicht nur nicht auf den Verfall der Versicherungen hinarbeiten, sondern ihrerseits alles tun, um die Versicherungen möglichst zu erhalten, und dass sie fortgesetzt durch neue Einrichtungen, welche dem Policenverfall vorzubeugen bestimmt und geeignet sind, die Versicherten vor Schaden zu bewahren bemüht sind. Hierher gehört, wenn man von den auch bei der grossen Lebensversicherung allgemein üblichen Einrichtungen des Policerückkaufs, der Umwandlung in prämienfreie Versicherung und den erleichterten Wiederinkraftsetzungsmöglichkeiten absieht, namentlich das System der Abholung der kleinen Versicherungsbeiträge aus den Wohnungen der Versicherten durch ein Heer von Agenten und Einnehmern und damit in Zusammenhang stehend die Einrichtung besonderer Einzugsstellen, welche so eingerichtet sind, dass die Durchführung des Einziehungsverfahrens nicht den Agenten überlassen bleibt, sondern besonderen von der Zentralverwaltung direkt abhängigen und kontrollierten Stellen obliegt, ferner die von einigen Volksversicherern in den Versicherungsbedingungen übernommene, ebenfalls nur mit erheblichem Arbeits- und Geldaufwande durchführbare Verpflichtung, den einzelnen zahlungssäumigen Versicherten durch eine schriftliche Mahnung an die Zahlung mit Setzung einer bestimmten Frist zu erinnern, ehe ein Verfall der Versicherung eintreten kann, endlich auch die sog. automatische Forterhaltung der Versicherungen, welche, schon früher mehrfach bei der gewöhnlichen Lebensversicherung angewandt, in neuerer Zeit auch von mehreren Unternehmungen auf die Volksversicherung übertragen worden ist. Sie besteht darin, dass im Falle des Zahlungsverzugs die Versicherung auch ohne Antrag des Versicherten zu dessen Gunsten dadurch aufrecht erhalten wird, dass aus der bereits angesammelten Prämienreserve die unbezahlt gebliebenen Beiträge nebst den rechnungsmässigen Zinsen gedeckt und, falls die Prämienreserve hierdurch nicht schon vorher erschöpft ist, im Versicherungsfalle an der Versicherungssumme gekürzt werden.

Das freilich darf nicht verkannt werden, dass wenn der Versicherer an der Aufrechterhaltung der Versicherungen lebhaft interessiert ist, doch auch die zum Storno gelangenden Versicherungen ihm meist einen indirekten Vorteil insofern bringen, als sie immerhin zur Erhaltung eines vielköpfigen Agentenapparates ihren Beitrag liefern Und was die Agenten anlangt, so müssen auch ihnen naturgemäss die Versicherungsabschlüsse von dauerndem Bestande die erwünschteren sein, weil sie ihnen mehr an Abschluss- und namentlich auch an Inkassoprovision einbringen. Da indessen schon nach sehr kurzem Bestande der Versicherungen Provisionen in gewisser Höhe verdient sind — meist wird eine solche schon endgiltig gewährt, nachdem nur 8 oder 10 Wochenbeiträge bezahlt sind —, so kann die Gefahr nicht völlig geleugnet werden, dass skrupelfreie Agenten, um Provisionen zu verdienen, auch solche Abschlüsse nicht verschmähen, die von vornherein keine Dauer versprechen. Es ist daher, wie oben schon erwähnt, bei der Bewertung von Reformen in der Volksversicherung entscheidendes Gewicht darauf zu legen, wieweit auf die Qualität der als Agenten tätigen Elemente günstig eingewirkt und Missbräuchen in der Anwerbetätigkeit entgegengetreten werden kann.

Um die Hauptmängel der Volksversicherung, wie sie seither üblich war, zu vermeiden und um eine Versicherungsform zu bieten, welche den wirtschaftlichen Bedürfnissen und Kräften des Arbeiterstandes möglichst angepasst ist, hat der bekannte Sozialpolitiker und frühere langjährige Reichstagsabgeordnete Professor Dr. Hitze (vgl. Arbeiterwohl, Jahrgang 1898 S. 321 und 1899 S. 58) eine eigenartige Versicherungskombination empfohlen, welche als „Arbeiter-Spar- und Lebensversicherung" vom Allgemeinen Deutschen Versicherungs-Verein zu Stuttgart in die Praxis eingeführt worden ist. Durch sie wird keine im voraus bestimmte Summe für den Todesfall des Versicherten oder für den Fall des Erreichens eines bestimmten Alters versichert und demgemäss auch dem Versicherungsnehmer nicht die Verpflichtung zu bestimmten fortlaufenden Beiträgen auferlegt, sondern nur die Gelegenheit geboten, Einzahlungen in beliebiger Höhe zu beliebiger Zeit und in beliebiger Wiederholung zu machen. Jede Einzahlung gilt als einmalige Einlage, der eine nach versicherungstechnischen Grundlagen bemessene Versicherungssumme entspricht; jede folgende Einzahlung beruht auf einer neuen freiwilligen Entschliessung des Versicherungsnehmers, die Versicherung zu erhöhen. Im übrigen sollen — dies steht jedoch mit dem eigenartigen Wesen der Spar- und Lebensversicherung nicht in einem inneren Zusammenhange — die hohen Verwaltungskosten dadurch tunlichst vermieden werden, dass der Abschluss der Versicherungen sowohl wie die Einkassierung der Beiträge durch Arbeitervereine vermittelt werden.

Da jede einzelne zwanglose Einzahlung einen besonderen Vertragsabschluss bedeutet und den Versicherungsnehmer zu keiner folgenden Zahlung verpflichtet, ist allerdings der Uebelstand des infolge unterlassener Prämienzahlung eintretenden Versicherungsverfalls gründlich vermieden; es fragt sich aber, ob im übrigen dieser Versicherungsform nicht Mängel anhaften, welche uns hindern, in ihr eine wesentliche Vervollkommnung der Volksversicherung zu erkennen.

Da die jeweiligen einmaligen Einzahlungen aus den Kreisen der Arbeiterschaft sich naturgemäss in bescheidenen Grenzen halten müssen, können auch die hierfür zu versichernden Summen, einzeln betrachtet, nur sehr gering sein. Erst durch eine Mehrheit von Einzahlungen, wie sie einem Arbeiter erst in einer längeren Reihe von Jahren möglich ist, kann eine einigermassen nennenswerte Summe erreicht werden. Während bei der gewöhnlichen Volksversicherung, bei der sich der Versicherungsnehmer von vornherein zu fortlaufenden Beiträgen in bestimmter Höhe verpflichtet, die gewählte Versicherungssumme den Hinterbliebenen auch dann sicher ist, wenn der Tod des Versicherten bald nach dem Abschlusse der Versicherung — wenn nur nach Ablauf der Karenzzeit — eintritt, kann bei der Arbeiter-Spar- und Lebensversicherung, auch wenn der Versicherungsnehmer freiwillig Jahr für Jahr die gleichen einmaligen Beträge einzahlt, die der nach ersterem System Versicherte auf Grund seiner vertraglichen Verpflichtung einzahlen muss, ein ähnliches Ergebnis doch erst nach einer längeren Reihe von Jahren — etwa 11 Jahren — erreicht werden. Andererseits wächst bei der Spar- und Lebensversicherung mit jeder in den späteren Jahren erfolgenden Einzahlung die Versicherungssumme weiter an, während bei der gewöhnlichen Volksversicherung die ursprünglich bedungene Versicherungssumme auch bei langem Leben des Versicherten und demgemäss bei lange fortgesetztem Zahlen der Beiträge unverändert bleibt. (Vgl. Arbeiterwohl 1899 S. 64.) Bei der Spar- und Lebensversicherung überwiegt eben der Sparcharakter, indem das Ergebnis wesentlich davon abhängt, wie lange der Versicherte tatsächlich lebt und wie häufig tatsächlich die zwanglosen Einzahlungen bewirkt werden, während die gewöhnliche Volksversicherung mehr den Charakter der eigentlichen Lebensversicherung trägt, insofern gegen die Verpflichtung einer regelmässigen fortlaufenden Beitragsleistung in bestimmter Höhe auch die Leistung einer bestimmten und von der tatsächlichen Lebensdauer des Versicherten unabhängigen Versicherungssumme garantiert wird. Da es gerade den Arbeitern, Kleingewerbetreibenden usw. beim Abschluss einer Versicherung in erster Linie meist auf eine Hinterbliebenenversorgung und darauf ankommen wird, dieser Versorgung in bestimmt gewolltem Umfang auch für den Fall frühzeitigen Todes sicher zu sein, und dieser Zweck unzweifelhaft weit vollkommener durch die gewöhnliche Volksversicherung seine Erfüllung findet, wird man in der Spar- und Lebensversicherung keine Versicherungsform erblicken können, die geeignet wäre, die Wohltaten der Lebensversicherung in die breiten Schichten der Wenigerbemittelten zu tragen.

Was ferner aber besonders gegen sie spricht, ist der Umstand, dass die Freiwilligkeit jeder einzelnen Einzahlung, die allerdings den Policenverfall wegen Zahlungssäumigkeit zur Unmöglichkeit macht, in der Praxis zum grössten Hemmnis für eine ausgedehnte Anwendung dieser Versicherung wird. Wenn jeder Entschluss zu einer Lebensversicherung mehr noch als eine gewöhnliche Betätigung des Sparsinns eine weiterblickende wirtschaftliche Einsicht und eine moralische Kraft (Enthaltsamkeit, Selbstüberwindung) voraussetzt, so ist es in der menschlichen Natur und in den menschlichen Lebensverhältnissen nur zu sehr begründet, dass diese Eigenschaften häufig im entscheidenden Zeitpunkte mangeln oder durch andersgerichtete Interessen und Antriebe gehemmt sind. Nur zu menschlich ist es, dass unter sonst gleichliegenden Verhältnissen die freiwillige Spar- und Versicherungstätigkeit tausendfältig unterbleibt, während sie noch ausgeübt wird, wenn eine vertragliche Verpflichtung dazu nötigt. In der Uebernahme der Verpflichtung zu fortlaufenden Lebensversicherungsprämien unterwirft sich eben der Versicherungsnehmer nicht bloss zu Gunsten des Versicherers einem Rechtszwange, sondern er legt sich diesen Zwang auch zu seinem eigenen Vorteile, zur Sicherung gegen eigene nachträgliche Schwäche auf. Es lässt sich nicht in Ziffern ausdrücken, wohl aber psychologisch ermessen, und es ist vollends dem Versicherungspraktiker bekannt, wie häufig auf Seite der Versicherungsnehmer nachträglich die

Neigung wegfällt, eine einmal abgeschlossene Versicherung durch Weiterzahlung der Beiträge aufrecht zu erhalten, und wieviel Versicherte, auch ohne dass ihnen durch eine Veränderung in ihrer wirtschaftlichen Lage die Fortführung der Versicherung weniger nützlich oder schwerer geworden wäre, diese verfallen lassen würden, wenn sie dies ohne erhebliche Einbusse tun könnten. Die im privaten Interesse der Versicherten wie vom volkswirtschaftlichen Standpunkt aus nicht hoch genug anzuschlagende erziehliche Wirkung, welche bei der gewöhnlichen Volksversicherung in der Nötigung zu fortlaufenden Beiträgen liegt, fällt bei der Spar- und Lebensversicherung fort, was dazu führen muss, dass zahlreiche Versicherungen, trotz ihrer theoretischen Unverfallbarkeit, nicht zweckentsprechend durch Erweiterung fortgesetzt werden und daher so gut wie wertlos bleiben. Man kann daher nicht die Hoffnung haben, dass die Spar- und Lebensversicherung extensiv für die Wohlfahrt der unteren Volksklassen auch nur entfernt das leistet, was die gewöhnliche Volksversicherung leistet, zumal diese durch stetes Mahnen an die zu zahlenden Beiträge und namentlich durch das wöchentliche oder monatliche Abholen der letzteren den Versicherten immer wieder von neuem einen Anstoss zur Prämienzahlung zu geben pflegt.

In Wirklichkeit hat sich denn auch die Arbeiter-Spar- und Lebensversicherung bisher in erheblichem Umfange nicht eingeführt.

Ihre Mängel sucht ein Vorschlag von Dr. V. Peters (Die Volksversicherung und ihre Fortbildung, Zeitschrift f. d. g. Versicherungs-Wissenschaft Bd. II S. 130) zu vermeiden durch eine Verbindung der Spar- und Lebensversicherung mit der gewöhnlichen Volksversicherung. Dr. Peters führt aus: „Der Versicherte nimmt eine Volksversicherung — wie sie z. B. von der „Viktoria“ oder „Friedrich Wilhelm“ ausgebildet ist — und die ihm bezw. seinen Hinterbliebenen nach einer bestimmten Zeit oder bei seinem Tode ein gewisses Kapital in Aussicht stellt. Er hat dafür wöchentliche Beiträge von mindestens 10 Pf., 20 Pf. usw. zu leisten, die vom Agenten gegen Beitragsmarke abgeholt werden. Daneben kann der Versicherte aber Mehrzahlungen gegen sogen. „Sparmarken" machen, die dann als je einmalige Prämien angesehen werden. Durch die Zahlung der Sparmarken sammelt der Versicherte neben der ursprünglich versicherten Summe ein zweites, gleichzeitig oder schon früher fällig werdendes, unverfallbares Kapital nach dem Prinzip der einmaligen Prämienzahlung an. . . . .

Dem übermässigen Verfall der Versicherungen kann in der Weise vorgebeugt werden, dass, wenn ein Versicherter bereits Sparmarken gezahlt hat, dann aber vorübergehend ausser Stande gerät, seine Beitragsmarken zu entrichten, die ersteren, soweit sie im laufenden Jahre gezahlt sind, auf die letzteren angerechnet werden. Ausserdem ist der Versicherte in der Lage, ein ganz geringes Kapital mit vielleicht nur 10 Pf. oder 20 Pf. Wochenbeiträgen fest zu versichern, die er auch in den Fällen der Not noch wird aufbringen können. Daneben ist ihm durch die Sparmarken in besseren Zeiten die Gelegenheit geboten, sein Versicherungskapital beliebig zu erhöhen, wogegen der Versicherte bei der jetzigen Volksversicherung gezwungen ist, wenn er ein einigermassen erhebliches Kapital versichern will, weit höhere, zwangsweise zu entrichtende Wochenbeiträge zu wählen. . . . .

Um ein Verfallen der ursprünglichen Versicherungssumme zu verhindern, wäre ferner eine angemessene Respektfrist für die wöchentlichen Zwangsbeiträge zu bewilligen und bei einem etwaigen Verfall eine Wiederinkraftsetzung noch innerhalb 1 oder 2 Jahren zuzulassen. Ein weiteres Mittel, um bei vorübergehender Einstellung der Beitragszahlung die Versicherung in Kraft zu erhalten, ist endlich, dass nach mindestens einjährigem Bestehen die volle Prämienreserve zur Zahlung der Beiträge verwendet wird und erst, nachdem jene erschöpft ist, die Versicherung erlischt.

Bei diesen Bestimmungen würden die Storni auf ein Minimum reduziert werden und wohl nur seitens solcher

Versicherten übrig bleiben, die nicht den ernsten Willen zum Sparen und zur Fortsetzung der Versicherung haben.

Eine Minderung der Verwaltungskosten würde insofern erreicht werden, als für die Werbung der durch die Sparmarken anzusammelnden Kapitalien keine besonderen Kosten, sondern nur Inkasso-Provisionen aufzuwenden wären, und vor Allem, weil bei diesem System aller Voraussicht nach ein weit grösserer ökonomischer Versicherungserfolg erzielt werden würde.

Ein besonderer Vorteil des neuen Systems liegt darin, dass die volle Sparkraft des Versicherten ausgenutzt werden kann, da er alle seine Ueberschüsse bei dem Versicherungsinstitut einlegen und sein Versicherungskapital dadurch beliebig erhöhen kann. Die Ausnutzung der Sparkraft findet hier nicht nur in der Weise, wie bei der „Arbeiter-Spar- und Lebensversicherung" statt, dass es ihm freigestellt ist, sein Geld zu irgend einer Zeit der Versicherungsgesellschaft einzusenden oder es einem Vertrauensmann zu bringen, sondern in jeder Woche erscheint der Agent, um sich bei Einziehung der Wochenprämie bereit zu erklären, die etwaigen sonstigen Ueberschüsse des Versicherten an die Versicherungsgesellschaft unentgeltlich abzuführen. Es ist offenbar, dass hiermit ganz andere Erfolge erzielt werden können, wie bei der Volksversicherung oder „Arbeiter-Spar- und Lebensversicherung!"" —

In der Tat scheint uns diese Kombination, die Dr. Peters als „Volks-Sparversicherung" bezeichnet, eine Verbesserung der Hitze'schen Arbeiter-Spar- und Lebensversicherung zu sein, insofern von vornherein ein bestimmtes Kapital versichert und durch den Versicherungsnehmer die Verpflichtung zu einer wöchentlichen Beitragszahlung in bestimmter, wenn auch mässiger Höhe übernommen wird, und insofern auch diese Beiträge abgeholt werden und der Versicherte hierbei nicht nur zur Zahlung der Pflichtbeiträge angehalten, sondern gleichzeitig auch zur Zahlung freiwilliger Sparbeiträge angeregt wird. Richtig ist auch, dass durch diese Sparbeiträge die volle Sparkraft des Versicherten nutzbar gemacht werden kann und dass das System der freiwilligen Sparrücklagen sich der zahlreichen Schwankungen und Wechselfällen unterworfenen engbegrenzten Sparkraft der Arbeiter und der sonstigen Minderbemittelten, insbesondere auch der Saisonarbeiter, anpasst, die in den verdienstreicheren Monaten zu grösseren Ausgaben für Versicherungszwecke imstande sind als zu anderen Zeiten des Jahres. Wenn es daher auch eines Versuchs wert erscheint, diese neue Kombination in die Praxis einzuführen, so sind doch die Verbesserungen nicht von weittragender Bedeutung und für sich allein nicht geeignet, einen erheblichen Fortschritt auf dem Gebiete der Volksversicherung herbeizuführen. Dass dadurch eine namhafte Verbilligung erzielt würde, ist sehr zu bezweifeln. Auch ist zu befürchten, dass das System vorwiegend zur Versicherung sehr kleiner Summen mittels eigentlicher Versicherungsbeiträge führt, dass sich daneben auch die Sparbeiträge in sehr bescheidenen Grenzen halten werden und dass dementsprechend auch zur Verminderung des Policenverfalls, namentlich nach erst kurzer Versicherungsdauer, nicht sehr reichliche Mittel zur Verfügung stehen werden, mithin für diesen Zweck nicht viel mehr gewonnen sein wird, als mit der obenerwähnten automatischen Aufrechterhaltung der Versicherungen aus der Prämienreserve.

Dagegen würde allerdings eine tiefgreifende Umwälzung in der heutigen Volksversicherung eintreten, wenn ein anderer von uns noch kurz zu besprechender Vorschlag Verwirklichung fände, den in neuerer Zeit ein in der Versicherungspraxis stehender Schriftsteller gemacht hat. Dr. Hans Kohl in seiner Schrift: Die Reform der Volksversicherung, eine Aufgabe der Sozialpolitik, Leipzig 1904, empfiehlt zur Beseitigung der der heutigen privaten Volksversicherung anhaftenden Mängel die Errichtung einer öffentlichen, d. h. staatlichen Anstalt für Volksversicherung, die ohne Versicherungszwang und im Wettbewerbe mit privaten Unternehmungen „den Minderbemittelten den Abschluss von Lebensversicherungen denkbar billigst gestattet und ihren Interessen in weitgehenderer Weise Schutz gewährt, als dies seitens der gewerblichen Privatversicherung geschehen konnte."

Ohne weiter in die Einzelheiten des Projektes einzugehen, möge nur noch Folgendes hervorgehoben werden. Die Staatsanstalt soll sich sowohl mit der Einzelversicherung befassen, die ähnlich wie die Arbeiter-Spar- und Lebensversicherung nach dem System der einmaligen zwanglosen Einzahlung einzurichten wäre, als auch mit der Kollektivversicherung und zwar mit dieser nach dem System der fortlaufenden Prämienzahlung. Bei der Kollektivversicherung sollen Vereine und ähnliche Organisationen für ihre Mitglieder, Arbeitgeber für ihr Personal die Versicherungen abschliessen und die Prämien erheben und an den Versicherer abgewähren und so die Akquisitions- und Inkassokosten erspart werden. Bei der Einzelversicherung soll der Wegfall der Werbung durch Agenten und der Wegfall des Zwanges zur Fortsetzung der Prämienzahlung dadurch wenigstens zum Teil eine Ausgleichung finden und der Spartrieb dadurch rege erhalten werden, dass die Staatsanstalt das denkbar grösste öffentliche Vertrauen geniessen und ferner die Post die Vermittlung des Versicherungsabschlusses und des Inkassos übernehmen würde.*)

Wir halten den Vorschlag für wenig aussichtsvoll. Dass eine staatliche Versicherungsanstalt, etwa eine Reichsanstalt im weitesten Masse sich des öffentlichen Vertrauens erfreuen und dass in diesem Vertrauen eine ausserordentlich wirksame Werbekraft liegen würde, ist zuzugeben; insbesondere auch, dass vermöge dieses Vertrauens künftighin Vereine und Arbeitgeber gegenüber ihren Mitgliedern und Arbeitern weit mehr als bisher anregend und vermittelnd zu Gunsten des Abschlusses von Versicherungen

---

*) Anm. Darüber, dass auch sonst die Verstaatlichung der Volksversicherung in Erwägung gezogen worden ist, vgl. Volksversicherung. Ein Beitrag zur Versicherungspolitik. Prof. Dr. Heinrich Bleicher. Berlin. 1904. S. 23. Ferner: Die Volksversicherung in der Schweiz. Dr. Siegfried Mehler. Leipzig. 1906.

tätig sein würden, lässt sich mit gutem Grunde erwarten. Wir werden unten bei unseren eigenen Vorschlägen diesen Umstand in nähere Berücksichtigung ziehen. Dennoch aber müssen wir bezweifeln, dass alles in allem eine öffentliche Versicherungsanstalt ohne Agententätigkeit auch nur entfernt für die Ausbreitung der Volksversicherung das erreichen könnte, was der Privatbetrieb mit der nur ihm möglichen Rührigkeit und Betriebsamkeit der Agenten geleistet hat und zu leisten vermag. Mag man auch manche Auswüchse des Agentenwesens zu beklagen haben, so darf man doch nicht das Kind mit dem Bade ausschütten und auf die Werbetätigkeit der Agenten ganz verzichten wollen. Gerade auf dem Gebiete der Lebensversicherung und ganz besonders dem der Volksversicherung, wo es gilt jedem einzelnen das Verständnis für den Versicherungsgedanken nahe zu bringen und ihn zur Fürsorge für die Zukunft seiner Person und seiner Angehörigen immer wieder von neuem anzuspornen, hat, wie rückhaltlos anerkannt werden muss, das Agententum sich grosse Verdienste um die Ausbreitung der Versicherung erworben. Andererseits aber sind alle Versuche, die in verschiedenen Ländern mit privaten oder öffentlichen Lebensversicherungsunternehmungen ohne Versicherungszwang und ohne Agententätigkeit gemacht worden sind, ohne nennenswerte Erfolge geblieben und haben nur die Unentbehrlichkeit der Propaganda durch Agenten erwiesen.

Im Wettbewerbe mit den privaten Volksversicherern würde sich, wie befürchtet werden muss, die Ueberlegenheit einer Staatsanstalt darin zeigen, dass der private Geschäftsbetrieb ungemein erschwert und gehemmt, vielleicht geradezu unmöglich gemacht würde, ohne dass der öffentliche Betrieb besseres an die Stelle setzen oder auch nur die seitherigen Erfolge der privaten Volksversicherung erreichen könnte. Dass es aber unmöglich sein würde, mit einer staatlichen Anstalt einen Propagandadienst zu verbinden, der an Intensität auch nur annähernd der Werbetätigkeit privater Agenten gleichkäme, bedarf keiner näheren Ausführung. Es ist daher die Besorgnis nicht von der Hand zu weisen, dass die Errichtung einer öffentlichen Konkurrenzanstalt geradezu lähmend und zerstörend wirken würde.

An einen staatlichen Betrieb der Volksversicherung bei uns könnte aber doch nur dann gedacht werden, wenn in der Tat feststände, dass der Privatbetrieb nicht imstande ist, die soziale Aufgabe der Volksversicherung in befriedigender Weise zu erfüllen und dass der Staatsbetrieb hier besseres zu leisten vermag. Keine dieser Voraussetzungen trifft zu; namentlich ist noch keineswegs der Beweis erbracht, dass die private Volksversicherung, eine der jüngsten Versicherungsformen, die sich in kurzer Zeit bereits ein staunenswert grosses Gebiet erobert hat, nicht von den Schlacken, die sie noch mit sich führt, gereinigt werden und dann segenbringend in die weitesten Volksschichten vordringen kann.

Dieses praktische Ziel im Auge glauben wir die folgenden Vorschläge zur öffentlichen Erörterung stellen zu sollen.

Wenn es gelänge, im Deutschen Reiche ein Versicherungsunternehmen zu errichten, welches durch seine unbedingte Sicherheit und sein die einzelnen Privatunternehmungen überragendes Ansehen ein ähnliches Vertrauen wie eine Staatsanstalt genösse, gleichzeitig aber als Privatbetrieb mit einem weitverzweigten Agentenapparat Propaganda im besten Sinne des Wortes und im grössten Stile betriebe, so könnte hierdurch der Volksversicherung, soweit im Volke hierfür überhaupt ein Bedürfnis vorhanden ist, nicht nur die denkbar grösste Ausbreitung, sondern auch die tunlichste Vervollkommnung gegeben werden. Ein solches an Vertrauen und Aktionsfähigkeit überragendes Unternehmen liesse sich dadurch schaffen, dass eine Mehrheit deutscher Lebensversicherungsgesellschaften sich zu gemeinschaftlichem Betriebe der Volksversicherung vereinigte. Bei Wahrung ihrer vollsten Selbständigkeit im übrigen würden die beteiligten Gesellschaften lediglich für das in sich abgeschlossene Gebiet der Volksversicherung eine Gemeinschaft in der Art einzugehen brauchen, dass sie Volksversicherungen nur durch ihren Verband abschlössen und dass sie alle für die vom Verband abgeschlossenen Versicherungen den Versicherten gegenüber die solidarische Haftung übernähmen, während für die Ausgleichung der Verbandsgesellschaften unter einander ein bestimmter Massstab zu vereinbaren wäre, der derselbe sein könnte, nachdem sie an dem Gewinn aus dem gemeinschaftlichen Volksversicherungsbetriebe teilnähmen.

Wenn auch der gemeinschaftliche Betrieb in Gesellschaftsform, d. h. ohne Bildung eines neuen die Gemeinschaft repräsentierenden Rechtssubjekts an sich denkbar wäre, so wird es sich aus praktischen Gründen empfehlen, eine besondere Aktiengesellschaft zu bilden, welche als der Versicherer auftritt, die Versicherungen aber in der Weise abschliesst, dass jedem Versicherten das Recht zusteht, falls und soweit ihm Erfüllung seiner Ansprüche nicht durch diese Aktiengesellschaft zuteil geworden ist, nach seiner Wahl jede der am Verbande beteiligten solidarisch haftenden Einzelgesellschaften unmittelbar in Anspruch zu nehmen.

Die Bildung einer solchen selbständigen Aktiengesellschaft, die ihren Geschäftsbetrieb etwa unter der Firma: „Deutscher Verband für Volksversicherung“ führen könnte, hat den Vorzug, dass dadurch die Rechtslage klarer und dem Publikum verständlicher zum Ausdrucke kommt, und dass für die abgeschlossenen Volksversicherungen ein von dem Vermögen der Verbandsgesellschaften getrenntes Vermögen vorhanden ist und haftet, und dass infolgedessen namentlich auch die Prämienreserve der sämtlichen Volksversicherungen als Prämienreserve des in erster Linie haftenden D. V. f. V. von diesem besonders verwahrt und verwaltet wird. Entsprechend der Konzentration der Volksversicherung in einer Hand fände auch eine Konzentration der Prämienreserve statt, die auch nach aussen eindrucks- und wirkungsvoll wäre. Andernfalls müsste erst durch komplizierte Einrichtungen und Vertragsbestimmungen unter den vereinigten Gesellschaften festgesetzt werden, welcher dieser Gesellschaften als der in erster Linie haftenden jede einzelne Versicherung zugehören soll und bei welcher daher auch die entsprechende Prämienreserve, vermischt mit der Prämienreserve ihres gesamten Lebensversicherungsgeschäfts, aufzubewahren und zu verwalten wäre.

Der Verband, der seine eigene selbständige Zentralverwaltung hätte, müsste auch einen Aussendienst mit eigenen Beamten einrichten, um für den konzentrierten Volksversicherungsbetrieb die Einhebung der Versicherungsbeiträge im Abholungsverfahren einheitlich durchzuführen. Dass dies weitverzweigte Einnehmerpersonal zugleich werbend für den Verband tätig sein würde, liegt auf der Hand. Wieweit sonst der Verband zur Organisation eines Aussendienstes z. B. durch Anstellung von Inspektoren und etwa auch zur Ergänzung des durch die Organe der Einzelgesellschaften ausgeübten Werbedienstes zur Anstellung eigener Agenten veranlasst sein würde, muss die Erfahrung lehren. In der Hauptsache aber würde die Agentenwerbetätigkeit in den Händen der Agenten der Einzelgesellschaften liegen. Dieser weitverzweigte Agentenapparat der sämtlichen Verbandsgesellschaften würde den Zwecken der Volksversicherung des Verbandes dienstbar sein, sehr zum Nutzen des letzteren, zugleich aber auch zu dem der Agenten und der Verbandsgesellschaften selbst. Die Akquisition für die Volksversicherung des Verbandes würde diejenige für die grosse Versicherung der Einzelgesellschaften nicht beeinträchtigen, sie vielmehr erleichtern und fördern.

Der Verband selbst würde die Vermittlertätigkeit auf dem Gebiete der Volksversicherung durch seine Anweisungen regeln sowie die Vergütungen hierfür seinerseits festsetzen und endgiltig tragen, was aber nicht ausschliesst, dass im Interesse der Geschäftsvereinfachung die Agenten der Einzelgesellschaften nur mit diesen hinsichtlich ihrer

Provisionen für Volksversicherungen abrechnen und sodann die Einzelgesellschaften sich mit dem Verbande auseinandersetzen.

Dass wenn etwa nur 5 bis 10 der grösseren oder mittleren deutschen Lebensversicherungsgesellschaften die Volksversicherung nach dem dargelegten Plane zu einem einheitlichen Grossbetriebe konzentrieren würden, diesem durch sein überragendes Ansehen und seine über jeden Zweifel erhabene Sicherheit im Wettbewerb eine ausserordentliche Ueberlegenheit und Werbekraft, ähnlich derjenigen einer staatlichen Anstalt, zukäme, kann einem Zweifel nicht unterliegen. Fraglich könnte nur sein, ob ein Zusammenschluss einer genügend grossen Zahl von Gesellschaften im Sinne unserer Vorschläge praktisch erreichbar ist, ob auf Seite der einzelnen Gesellschaften ein hinreichend starkes Interesse an der Bildung einer derartigen Gemeinschaft vorausgesetzt werden darf, und ob namentlich die ihnen zugemutete solidarische Haftung für die sämtlichen Volksversicherungen des Verbandes nicht eine zu weitgehende, bedenkenerregende Verpflichtung in sich schliesst.

Uns will bei eingehendster und nüchternster Prüfung der Plan nicht unausführbar erscheinen. Wenn man auch gänzlich davon absieht, dass deutsche Versicherer von dem auf idealem Grunde ruhenden Wunsche geleitet sein werden, sich an einer gemeinnützigen Durchführung der volkswirtschaftlich und sozialpolitisch wichtigen Aufgaben der Volksversicherung zu beteiligen, so fallen unseres Erachtens rein geschäftliche Erwägungen stark genug ins Gewicht, um zu jenem Zusammenschluss bestimmen zu können, da durch die Gemeinschaft ein unvergleichlich ausgedehnterer und erfolgreicherer Betrieb der Volksversicherung erhofft werden darf, als er jemals insgesamt durch die einzelnen nebeneinander operierenden, im Wettbewerbe sich gegenseitig bekämpfenden Unternehmungen erreichbar sein würde, und weil namentlich solche Gesellschaften, die die Volksversicherung bisher nicht oder nur in geringem Umfange betrieben haben, es ungemein schwer haben, gegenüber einigen zurzeit schon auf diesem Gebiete durch ihre grossen Geschäftserfolge überlegenen Gesellschaften aufzukommen, durch ihre Beteiligung am Verbande aber sich einen Anteil an dem Gewinne der noch ausserordentlich ausdehnungsfähigen Volksversicherung sichern können.

Das finanzielle Engagement der einzelnen Gesellschaften, bestehend in der Uebernahme der Gesamtschuld für alle Verbandsversicherungen, kann allerdings auf den ersten Anblick befremden; bei näherer Prüfung aber ergibt sich, dass es keineswegs übermässig gross und seine wirkliche Tragweite keine solche ist, dass die Gesellschaften seine Uebernahme nicht unbedenklich verantworten könnten; denn zunächst ist nicht abzusehen, warum die Aktiengesellschaft D. V. f. V. mit ihrem eigenen Vermögen, insbesondere ihrer eigenen Prämienreserve und ihrem eigenen Versicherungsbestand, der schnell und sicher einen ungewöhnlich grossen Umfang annehmen wird, nicht mindestens dieselben Garantien bieten sollte, wie irgend eine für sich allein stehende Lebensversicherungsunternehmung. Den sämtlichen Verbandsgesellschaften bezw. deren sachkundigen Vertretern würde selbstverständlich ein weitgehendes Kontrollrecht gegenüber der Verbandsverwaltung einzuräumen und dieses unschwer wirksam zu machen sein. Die Rechnungsgrundlagen und Tarife besonders vorsichtig und sicher zu gestalten, wird keine Schwierigkeiten bieten, und da es sich ausschliesslich um die Versicherung kleiner Summen handelt — es wird sich aus mehrfachen Gründen empfehlen, die Versicherungssumme auf ein Leben den Betrag von 1000 M. nicht übersteigen zu lassen —, so können auch unvorhergesehene Schwankungen in der Sterblichkeit nicht besorgniserregend werden. Vor allem ist aber hier, da es sich um Versicherung ohne ärztliche Untersuchung handelt, die Gefahr einer unkundigen oder weniger gewissenhaften Aufnahmepraxis ungemein abgeschwächt und diese Praxis selbst, da sie sich nach vergleichsweise einfachen, leicht zu handhabenden Grundsätzen und Merkmalen vollzieht, weit leichter durch die Ueberwachungsorgane kontrollierbar, als es bei der grossen Lebensversicherung der Fall sein würde. Für den kaum denkbaren Fall eines Verlustes aber, der aus dem eigenen Vermögen des Verbandes nicht gedeckt werden könnte, würde dieser endgiltig von den sämtlichen Verbandsgesellschaften nach einem vertraglich besonders zu vereinbarenden Verhältnisse zu tragen sein, also auf breiteste tragfähige Schultern sich verteilen.

Man ist durchaus berechtigt zu sagen, dass die Mitversicherung vieler Gesellschaften für ein und dieselben kleinen Versicherungssummen und die damit verbundene solidarische Haftung der Gesellschaften den einzelnen Versicherten eine übermässige Sicherheit bietet, um so dem Verbande das unbedingte Vertrauen zu sichern, dass aber das finanzielle Risiko der einzelnen Gesellschaft geringfügig ist und auch dann bleibt, wenn der Verbandsbetrieb eine ungeahnte Ausdehnung erreicht und die Verbandsversicherungen nach vielen Tausenden und nach Millionen zählen werden.

Wenn wir nunmehr nach Erörterung der mehr grundsätzlichen Seiten des Planes zur Besprechung einiger Einzelheiten übergehen, so bietet die meisten Schwierigkeiten die Frage, nach welchem Grundsatze im inneren Verhältnisse der zusammenzuschliessenden Gesellschaften untereinander Gewinn und Verlust verteilt werden sollen. In dieser Beziehung bieten sich die verschiedensten Möglichkeiten dar; es kann hier nicht unsere Aufgabe sein, einen Weg als den allein richtigen zu bezeichnen; über den zweckmässigsten und gangbarsten werden schliesslich die Versicherungspraktiker und Gesellschaftsleiter zu befinden haben. Unsere folgenden Darlegungen zu diesem Punkte können nur die Bedeutung haben, an einem konkreten Beispiele zu zeigen, dass sich eine einfache und durchsichtige Regelung ausführen lässt und dass die Schwierigkeiten hierbei nicht unüberwindlich sind.

Wir gehen davon aus, dass die Tragung des Verlustes nach dem gleichen Massstabe wie die Anteilnahme am Gewinn erfolgt, dass aber an beiden die einzelnen Verbandsgesellschaften nicht gleichheitlich zu beteiligen sind. Der ganze Beamtenapparat jeder einzelnen Gesellschaft soll künftig für die gemeinschaftliche Volksversicherung werbend tätig sein, während andererseits auch der Verband unmittelbar, d. h. lediglich durch seine eigenen Organe, ohne die Vermittelung der Organisationen der Einzelgesellschaften, Versicherungen abschliessen wird. Es würde nicht angängig sein, wenn eine besonders grosse, angesehene Gesellschaft mit weitverzweigter, auf dem Gebiete der Volksversicherung bereits bewährter Organisation der Gemeinschaft beitritt, sie an den Geschäftsergebnissen nicht in höherem Masse beteiligen zu wollen als eine kleinere Gesellschaft, der der Betrieb der Volksversicherung bisher fremd war. Unseres Erachtens würde es am besten dem Masse, in dem voraussichtlich eine einzelne Gesellschaft zum geschäftlichen Erfolge der Gemeinschaft beiträgt, und damit der Billigkeit entsprechen, wenn der Gewinn des Verbandes zunächst nach demjenigen Verhältnisse in zwei Teile geteilt würde, in dem der gesamte durch die Organisationen der Einzelgesellschaften vermittelte Versicherungsbestand zu dem vom Verband unmittelbar erworbenen Bestande steht und sodann der auf den ersteren Bestand entfallende Anteil unter die einzelnen Gesellschaften im Verhältnisse der Anteile ihrer Organisationen an diesem Bestande, dagegen der auf den unmittelbar erworbenen Bestand entfallende Gewinnanteil gleichheitlich unter sämtliche Verbandsgesellschaften unterverteilt würde. Durch die zur Verwendung kommenden Antragsformulare würde es unschwer kenntlich zu machen sein, ob und von welcher Einzelorganisation eine Versicherung vermittelt worden ist; ohne allzugrosse Mühe würde für den Schluss jedes Rechnungsjahrs der Bestand der von jeder einzelnen Gesellschaft vermittelten, noch in Kraft befindlichen Versicherungen festzustellen sein.

Der nach diesem oder einem ähnlichen System unter die Gesellschaften zu verteilende Gesamtgewinn würde sich aus dem gesamten Reingewinn der Aktiengesellschaft D. V. f. V. ergeben, nachdem den Aktionären der letzteren eine in der Satzung auf 4, höchstens 5 % zu begrenzende Dividende gezahlt ist und selbstverständlich auch die im Interesse des Verbandes erforderlichen Rücklagen zu einem besonderen Sicherheitsfonds bewirkt sein werden. Trotz der erwähnten Beschränkung der Dividende würde es sicherlich leicht möglich sein, das Grundkapital für die Aktiengesellschaft D. V. f. V. aufzubringen. Die an der Gemeinschaft beteiligten Gesellschaften würden, nötigenfalls nach geeigneter Ergänzung ihrer eigenen Satzungen, die Aktien übernehmen. Das Grundkapital brauchte nicht besonders hoch gegriffen zu werden, da die Leistungsfähigkeit des gesamten einheitlichen Betriebs vom Tage seiner Eröffnung an durch die ausserordentlich wertvollen Organisationen der Einzelgesellschaften und durch die Haftung der letzteren verbürgt ist.

In der Vereinbarung der Gesellschaften, welche ihrem wesentlichen Inhalte nach in die den Gesellschaftszweck regelnden Bestimmungen des Statuts der Aktiengesellschaft aufzunehmen wäre, müsste den einzelnen Verbandsgesellschaften ein Recht der Kündigung mit Wirkung frühestens auf den Schluss des folgenden Geschäftsjahrs vorbehalten werden, wie andererseits auch der Zutritt neuer Gesellschaften mit Genehmigung aller oder wenigstens einer grossen Mehrheit der Verbandsmitglieder vorzusehen sein dürfte. Den Versicherten gegenüber würde die von einer Gesellschaft einmal übernommene solidarische Haftung auch nach deren Austritt aus dem Verbande bis zum Erlöschen der betreffenden Versicherungen fortdauern, während vom Neueintritt einer Gesellschaft an diese für die künftig abzuschliessenden Verbandsversicherungen mithaften müsste. Entscheidend wäre also immer die Zusammensetzung des Verbandes zur Zeit eines Versicherungsabschlusses, wie sie jederzeit für das Publikum in den Versicherungspapieren (Prospekten, Antragsformularen, Versicherungsscheinen) erkennbar zu machen wäre.

An dem geplanten Verbande könnten sich Aktienunternehmungen wie Gegenseitigkeitsgesellschaften beteiligen, letztere zweckmässiger Weise allerdings wohl nur im Wege der Versicherung gegen feste Prämien im Sinne des § 21 Abs. 2 des Versicherungsaufsichtsgesetzes.

Auch diejenigen Gesellschaften, die bisher schon auf dem Gebiete der Volksversicherung sich betätigt und um deren Ausbreitung verdient gemacht haben, könnten sich im eigenen Interesse wie zum Nutzen der Gemeinschaft dieser anschliessen.

Es erübrigt sich, auf weitere Einzelheiten, insbesondere darauf einzugehen, wie die Versicherungsbedingungen des näheren zu gestalten wären. Hierüber werden sich die erfahrenen Leiter der beteiligten Gesellschaften leicht einigen. Dass sie sich dabei von grossen, gemeinnützigen Gesichtspunkten leiten lassen werden, um den wichtigen sozialen Aufgaben der Volksversicherung gerecht zu werden, unterliegt für uns keinem Zweifel. Keine Konkurrenzrücksichten werden zu bedenklich forziertem Betrieb und zur Anwendung nicht völlig einwandfreier Mittel anreizen, und wo sich dennoch vereinzelt die Neigung hierzu geltend machen sollte, wird sie durch die entscheidenden Mehrheiten und die überwachenden Verbandsorgane wirksam bekämpft werden. Weit mehr als bei dem Betrieb einzelner in scharfem Wettbewerbe stehender Gesellschaften erscheint in der Gemeinschaft ein Betrieb nach durchaus vornehmen, vertrauenswürdigen Grundsätzen gewährleistet.

Insbesondere wird auch der Verband, entsprechend den vielgestaltigen Bedürfnissen des praktischen Lebens, eine Mehrheit von Versicherungskombinationen zur Auswahl stellen und diese, unbeirrt von Konkurrenzrücksichten, den wahren Interessen der Versicherten nach Möglichkeit anpassen. So würde beispielsweise die obenerwähnte von Dr. V. Peters vorgeschlagene Verbesserung des Hitzeschen Systems im grossen Stile praktisch erprobt werden können.

Wieweit der Gemeinschaftsbetrieb imstande sein würde, die Hauptmängel der seither betriebenen gewöhnlichen Volksversicherung zu vermeiden oder wenigstens zu mindern, soll im folgenden noch zusammenfassend dargelegt werden.

I. In erster Linie wird es sich fragen, wieweit eine Verbilligung der Versicherung erwartet werden darf.

Dass die Volksversicherung, weil sie ohne ärztliche Auslese der Risiken erfolgt, mit höheren Nettoprämien zu rechnen gezwungen ist als die grosse Lebensversicherung, haben wir oben gesehen. Hieran vermag auch der Gemeinschaftsbetrieb nichts zu ändern. Ebenso wird auch an den allgemeinen Verwaltungskosten (allgemeine Geschäftsleitung, Korrespondenz, Register- und Buchführung, Vermögensverwaltung) nicht allzuviel zu ersparen sein, abgesehen davon, dass sich mit grösserer Ausdehnung eines Geschäftsbetriebs diese Generalunkosten relativ zu vermindern pflegen. Dagegen sind es die wichtigen Posten der Akquisitions- und der Inkassokosten, hinsichtlich deren der gemeinschaftliche Betrieb grosse Vorzüge aufweist.

1. Die über jeden Zweifel erhabene Sicherheit und das die einzelnen Versicherungsgesellschaften überragende Ansehen wird dem D. V. f. V. eine Ueberlegenheit und Werbekraft verleihen, welche den Agenten die Akquisition ausserordentlich erleichtern muss. Während heute dem kleinen Manne die Versicherungsgesellschaft, für die ein Agent an ihn heran tritt, oft nicht einmal dem Namen nach bekannt ist, wird sich das Bestehen und Wirken des Verbandes als einer grossen gemeinnützigen Anstalt bald dem Bewusstsein aller Volkskreise einprägen.

Heute werden unendlich viel Personen vom Versicherungsabschluss abgehalten, weil sie sich in dem Wettkampfe der Gesellschaften untereinander nicht zu orientieren vermögen. Anpreisungen und Agenten der verschiedensten Gesellschaften treten an sie heran, rühmen nicht bloss die Vorzüge der von ihnen vertretenen Unternehmungen, sondern verschmähen es auch oft nicht, andere

Gesellschaften herabzusetzen. Wieviel an sich versicherungslustige Personen werden infolgedessen von Misstrauen gegen die sich mit aller Schärfe befehdenden Gesellschaften überhaupt erfasst oder zögern mit dem Versicherungsabschluss, weil sie das unbehagliche Gefühl beherrscht, nicht sicher beurteilen zu können, welcher Gesellschaft sie sich anvertrauen sollen. Diese den kleinen Mann geradezu verwirrende Konkurrenz würde ungemein abgeschwächt werden, mit der Zeit vielleicht gänzlich wegfallen. Die Frage, bei welcher Gesellschaft eine Volksversicherung zu nehmen, würde bei der Werbung um die Versicherten nicht mehr im Vordergrunde stehen; ob überhaupt eine Versicherung abzuschliessen, in welcher Höhe, nach welcher Kombination, nur das wäre vornehmlich Gegenstand der Propaganda.

Damit würde die Werbetätigkeit der Agenten nicht bloss unvergleichlich leichter, sondern namentlich auch ihres unangenehmen, zum Teil geradezu gehässigen Charakters entkleidet, der jetzt viele gute Elemente von ihr fernhält. Die Aufgabe, für den D. V. f. V. werbend tätig zu sein, würde mit dem steigenden Ansehen des letzteren als Haupt- oder Nebenberuf immer begehrenswerter werden. Männer und Frauen der verschiedenen Stände, die sich bisher von der Agententätigkeit ferngehalten haben, würden für diese zu gewinnen, und auf diesem Felde Tüchtiges zu leisten imstande sein.

Nur beiläufig mag in diesem Zusammenhange daran erinnert werden, dass in verschiedenen Bundesstaaten den öffentlich angestellten Lehrern, insbesondere den Volksschullehrern jede nebenberufliche Tätigkeit als Versicherungsagent untersagt ist. Mag dies auch bei der heutigen Lage der Verhältnisse durch gewichtige Gründe der Dienstaufsicht geboten sein, so ist es immerhin vom Gesichtspunkt einer möglichsten Ausbreitung des Versicherungsgedankens aus bedauerlich, da hiermit ein Weg ausserordentlich wirksamer Propaganda abgeschnitten ist. Sollte sich, wie zu erwarten, der D. V. f. V in Bälde eine die Volksversicherung in Deutschland beherrschende Stellung erringen und sich als nationale Einrichtung gemeinnützigen Charakters bewähren, so würden vielleicht auch die Bedenken dagegen schwinden, dass auch Angehörige des Lehrerstandes sich auf diesem Gebiete werbend mitbetätigen.

Erstaunlich gering ist heute noch in weitesten Kreisen der Bevölkerung das Verständnis für die Bedeutung und die Einrichtungen der Lebensversicherung, weshalb schon mehrfach der Vorschlag laut geworden ist, es möchte in den Schulen, etwa in Verbindung mit dem Unterricht im Rechnen bezw. in der Mathematik der Jugend eine bessere Kenntnis des Lebensversicherungswesens vermittelt werden. Dieser Gedanke würde ohne Zweifel an praktischem Werte und an Durchführbarkeit gewinnen, wenn der Verband die eben angedeutete überragende Stellung einnehmen würde. Alsdann würde unbedenklich in praktischer, fruchtbringender Weise an der Hand der konkreten Einrichtungen des Verbandes, der Gegenstand des allgemeinsten Volksinteresses wäre, über das Wesen der Lebensversicherung in der Schule gelehrt werden können, womit zugleich für die Lebensversicherung, insbesondere die Volksversicherung, eine wirksame Propaganda im besten Sinne des Wortes gegeben sein würde.

Indessen die letzteren Perspektiven sind nur ganz beiläufig erwähnt worden. Entscheidend ist, dass durch das unbestrittene Ansehen und Vertrauen des Verbandes die Agententätigkeit für diesen wesentlich erleichtert sein und zugleich weiteren Kreisen begehrenswert erscheinen würde, und dass infolgedessen, unbeschadet einer möglichsten Ausdehnung des Agentennetzes und denkbar intensivster Gestaltung der Werbetätigkeit, diese selbst erheblich verbilligt werden könnte.

2. Wie die Abschlussprovisionen, so könnten auch die Kosten der Prämieneinziehung infolge der Konzentration der Volksversicherung auf ein bescheidenes Mass herabgesetzt werden. Und namentlich die Abholung der Wochenbeiträge liesse sich mit dem

verhältnismässig, d. h. auf die einzelne Versicherung entfallenden denkbar niedrigsten Kostenaufwand durchführen. Die pünktliche Abholung der kleinen Beiträge beansprucht naturgemäss einen grossen Menschenapparat, dessen Entlohnung einen unverhältnismässig grossen Teil der Prämieneinnahme verschlingt, wenn die Beitragspflichtigen verstreut wohnen und der Einnehmer infolge der notwendigen zeitraubenden Wege an einem Tage die Wohnungen nur weniger Zahlungspflichtiger aufsuchen kann. Während jetzt die Einnehmer einer Mehrheit von Gesellschaften nebeneinander arbeitend dieselbe Stadt und dasselbe Stadtviertel begehen und jeder Gesellschaft recht hohen Aufwand verursachen, könnte hier durch Konzentrierung weit wirtschaftlicher gearbeitet werden. Je dichter die Versicherten wohnen, je mehr der Einnehmer bei einem Gange viele Häuser derselben Strasse und mehrere Haushaltungen desselben Hauses zu besuchen hat, umso ausgiebiger muss sein Gang, umso vorteilhafter seine Tätigkeit werden. Deshalb wird mit der Konzentration der Volksversicherung in einem einzigen Riesenbetriebe die räumliche Konzentrierung der Versicherten, die wirtschaftliche Ausnutzung der Einnehmerorganisation und damit in einem der wichtigsten Punkte die Ermässigung der Verwaltungskosten aufs vollkommenste erreicht werden können.

3. Ganz besonders wichtig scheint es uns aber ferner zu sein, dass durch den Gemeinschaftsbetrieb die Möglichkeit gegeben sein wird, in weitem, bisher nicht gekannten Umfange durch die Ausschaltung der Agentenvermittelung an Abschluss- wie Inkassokosten zu sparen. Hier kommen wir auf die oben bereits berührte höchst bedeutungsvolle Rolle zurück, welche Korporationen der verschiedensten Art, Vereine und ähnliche Organisationen für ihre Mitglieder sowie Arbeitgeber für ihre Beamten und Arbeiter durch Vermittelung des Versicherungsabschlusses und der fortlaufenden Beitragserhebung spielen können. Wenn diese unentgeltliche Vermittelungstätig-

keit auf dem Gebiete der Volksversicherung sich bisher nur in ziemlich engen Grenzen gehalten hat, so liegt dies zu gutem Teile nicht an mangelnder Fürsorge und Bereitwilligkeit der Vereinsorgane oder der Arbeitgeber, sondern an der Vielheit der miteinander in scharfem Wettbewerbe stehenden Privatgesellschaften. Nur zu begreiflich ist es, wenn vielfach Vereinsorgane und Arbeitgeber, und vielleicht gerade die gewissenhaftesten unter ihnen, bei der Konkurrenz der Gesellschaften untereinander und bei den öffentlichen Angriffen auf die Volksversicherung überhaupt oder auf den Geschäftsbetrieb dieser oder jener bestimmten Unternehmung sich ein derart sicheres Urteil über die Sicherheit und Vertrauenswürdigkeit einer bestimmten Anstalt nicht zutrauten, dass sie die Verantwortung dafür hätten übernehmen mögen, ihr Personal zur Versicherung gerade bei dieser oder jener Gesellschaft zu bestimmen. Und wenn sie auch selbst sich ein solches Urteil zutrauten, mussten sie nicht fürchten, über kurz oder lang dem entgegengesetzten Urteil ihrer Bediensteten und damit Unzufriedenheit und Vorwürfen zu begegnen? Alle diese Bedenken fallen fort, wenn es sich um die Versicherung bei einer Anstalt von so unbestreitbarem Ansehen handelt, wie solches der D. V. f. V. im ganzen Volke erringen würde. Durch die Gründung einer solchen überragenden Anstalt erst wird es gelingen, auf dem Gebiete der Volksversicherung der fürsorglichen und opferbereiten Vermittelung von Vereinen und Arbeitgebern ein grosses Wirkungsfeld und einen ungeahnten Aufschwung zu geben, der volkswirtschaftlich und sozialpolitisch von grösstem Werte sein wird.

Soweit Arbeitgeber nicht nur den Abschluss von Versicherungen, sondern auch den jedesmaligen Abzug der Versicherungsbeiträge von dem Gehalt und Lohn der Versicherten übernehmen und die Beiträge ihres versicherten Personals insgesamt unentgeltlich an den Verband abführen, wird diesem eine stark ins Gewicht fallende Ersparnis an Abschlussprovision wie an Einziehungs- (Abholungs-) Kosten erwachsen, die den Versicherten entweder direkt in Gestalt von Prämienminderung zugute kommen kann oder indirekt dadurch, dass vom Verbande entsprechende Vergütungen den Arbeitgebern zur Bildung solcher Fonds zufliessen, welche wiederum lediglich im Interesse der Versicherten zu verwalten und zu verwenden sind. Das gleiche gilt von der Vermittelungstätigkeit von Korporationen, Vereinen oder ähnlichen Organisationen.

Eine ähnliche Ausschaltung der Agententätigkeit für gewisse Versicherungen, insbesondere solcher kollektiver Art, ist heute bereits der Versicherungspraxis nicht fremd, findet aber tatsächlich nur in verhältnismässig beschränktem Umfange statt. Einer weiteren Ausdehnung dieses Systems steht gegenwärtig u. a. auch die Rücksicht auf die Agenten gegenüber, die in grosser Zahl halten und durch die Provision ausreichend versorgen zu können, die einzelnen Gesellschaften ein begreifliches Interesse haben. Ganz anders läge es künftig für den D. V. f. V., dessen Grossbetrieb auch neben umfangreichster unentgeltlicher Vermittelungstätigkeit der Vereine und Arbeitgeber der Wirksamkeit eines engmaschigen Agentennetzes noch ein grosses und lohnendes Arbeitsfeld bieten und hinsichtlich der Gewinnung tüchtiger Agentenkräfte niemals in Verlegenheit kommen dürfte. Es würde der gesunde Grundsatz Geltung haben, dass die Agentenorganisation nur Mittel zur Ausbreitung der Versicherung, nicht Selbstzweck sein darf.

4. Eine Verbilligung der Volkversicherungstarife würde endlich auch durch Nichtbeteiligung der Versicherten am Gewinne zu erreichen sein. Für diejenigen Kreise, für die die Volksversicherung geeignet ist, empfiehlt sich die Gewinnbeteiligung mit ihren unsicheren Chancen und hier naturgemäss nur sehr geringfügigen Beträgen nicht. Für sie ist es viel wichtiger, von vornherein auf eine bestimmte Versicherungssumme rechnen und diese in Anpassung an die eigene Sparkraft möglichst hoch greifen zu können.

Wenn bei der grossen Lebensversicherung und der

seitherigen Volksversicherung wesentlich Rücksichten der Konkurrenz für die Einführung einer Gewinnbeteiligung der Versicherten mitbestimmend waren, so fällt dieser Grund für den gemeinschaftlichen Betrieb der Volksversicherung weg. Bei der grossen Lebensversicherung hat die Gewinnbeteiligung noch den Vorteil, dass die damit verbundene Erhöhung der Tarifprämien zugleich eine Erhöhung der Sicherheit des Betriebs und zwar namentlich dann bedeutet, wenn die auf diese Weise erzielten bezw. erhöhten Gewinne, wie es meist vorgesehen ist, mehrere Jahre als Sicherheitsfonds aufbewahrt und erst dann tatsächlich an die Versicherten ausgeschüttet werden. Indessen ist gerade bei der Volksversicherung mit ihren kleinen Versicherungssummen und namentlich bei den eigenartigen Einrichtungen des Verbandes ein Bedürfnis nach derartigen besonderen Sicherheiten am wenigsten anzuerkennen.

Dass bei Nichtbeteiligung der Versicherten am Gewinn von einer gewissen sonst notwendigen Erhöhung der Nettoprämien abgesehen werden und damit eine nicht unwesentliche Verbilligung der Tarifprämien erreicht werden kann, liegt auf der Hand.

II. In aller Kürze möge noch darauf hingewiesen werden, dass sich auch die Verhältnisse des vorzeitigen Policenverfalls bei der geplanten Konzentration der Volksversicherung wesentlich günstiger gestalten werden.

1. Ein Teil des heutigen Stornos ist jedenfalls auf den bisweilen übermässig forzierten Anwerbebetrieb zurückzuführen, bei dem die Agenten mitunter der Versuchung unterliegen, durch die Künste der Ueberredung Augenblickserfolge zu erzielen und Versicherungen um jeden Preis zu vermitteln, ohne Rücksicht darauf, ob die Versicherungsnehmer nach ihrer Wirtschaftslage eine Versicherung überhaupt oder wenigstens in der gewählten Höhe und Form dauernd durchzusetzen vermögen. Mit Sicherheit ist darauf zu rechnen, dass dieser Uebelstand künftig erheblich gemildert sein wird. Der grosse Ver-

bandsbetrieb würde nicht mehr in der bisher mehr oder minder empfundenen Abhängigkeit von Konkurrenzrücksichten geführt werden und weniger Anreiz zu solcher forzierten Anwerbetätigkeit bieten. Die Zentralverwaltung des Verbandes würde vermöge ihrer stärkeren Stellung, die sie den Agenten gegenüber einnimmt, mit allem Nachdruck auf einen einwandfreien Agentenbetrieb hinwirken können.

2. Aus den gleichen Gründen würde auch ein anderer Auswuchs der Konkurrenz an Bedeutung verlieren, nämlich der nicht völlig zu leugnende, zu mannigfachem Policenverfall führende hässliche Missbrauch, dass Agenten einer Gesellschaft die Versicherten einer anderen Gesellschaft in ihrem Vertrauen zu dieser zu erschüttern und von ihr abwendig zu machen suchen, um sie zu sich herüberzuziehen (Ausspannung).

3. Von weit grösserer Wirkung aber wird es sein, dass bei dem konzentrierten Betriebe das Prinzip der regelmässigen Abholung auch der kleinsten Wochenbeiträge weit sicherer und allgemeiner durchgeführt werden kann, als dies seither möglich war. Während die Beitragsabholung bei den verschiedenen Volksversicherern bisher nur tatsächliche Uebung, nicht aber Rechtspflicht war, wird der D. V. f. V. bei der Dichtigkeit des Wohnens seiner zahlreichen Versicherten dazu übergehen können, sich im Versicherungsvertrag zu pünktlicher Beitragsabholung nicht nur in den grossen Städten, sondern fortschreitend mit der Ausdehnung seines Geschäftsbetriebs für immer weitere Orte zu verpflichten. In solcher regelmässigen Abholung liegt erfahrungsmässig ein wirksamer Ansporn und ein sich immer wieder erneuernder moralischer Zwang zur Forterhaltung der Versicherungen und damit das beste Mittel zur Verhütung des Policenverfalls.

4. Soweit Anwerbung und Inkasso unter Ausschaltung von Agenten durch Vereine, Arbeitgeber usw. erfolgt, können diesen Vermittlern, wie wir oben gesehen haben, zufolge der Ersparnis an Abschlussprovision und Inkasso-

kosten beträchtliche Mittel zur Verfügung gestellt werden, welche zugunsten der Versicherten dieser Vereine oder Arbeitgeber und jedenfalls zweckmässig auch dazu zu verwenden wären, den Versicherten im Falle ihres vorübergehenden Unvermögens zur Zahlung der Beiträge die Aufrechterhaltung ihrer Versicherung zu ermöglichen. Es leuchtet ein, dass eine solche Vermittelungstätigkeit von Vereinen, Arbeitgebern usw. im höchsten Grade segensreich sein würde. Dass sie aber auch tatsächlich bei der geplanten Konzentration der deutschen Volksversicherung in weit höherem Masse als seither zur Wirklichkeit werden würde, dies dürfte sich als erfreuliche Wahrscheinlichkeit aus den obigen Ausführungen zu I. 3 ergeben.

Alles in allem scheint uns der Gedanke der Zusammenfassung einer Vielheit von Gesellschaften zu gemeinschaftlichem Betriebe der Volksversicherung keine Utopie, sondern praktisch durchführbar zu sein und in seiner Durchführung die denkbar wirksamste Vermeidung der der Volksversicherung seither anhaftenden Mängel zu versprechen.

Der Zusammenschluss würde möglicherweise im Laufe der Entwickelung das Walten freier Konkurrenz auf dem Gebiete der Volksversicherung ausschliessen und insofern zu einem tatsächlichen Monopole des Verbandes führen. Dass indessen diese Konzentration zu Auswüchsen und zu einem Betriebe führen könnte, der anders als nach gegemeinnützigen Gesichtspunkten und unter Nichtachtung der Interessen der versicherungsbedürftigen Volkskreise geleitet würde, ist nicht zu befürchten. Die führenden Versicherungsmänner, welche als Leiter der die Gemeinschaft bildenden Gesellschaften den entscheidenden Einfluss auf den Verbandsbetrieb auszuüben hätten, würden in ihrer Mehrheit den letzteren — daran ist nicht zu zweifeln — stets auf gesunden Bahnen zu erhalten wissen, ganz abgesehen davon, dass schliesslich auch in der Reichsaufsicht eine Bürgschaft gegen Ausartungen gegeben ist. Für die Einführung wünschenswerter Fortschritte würde u. a. die öffentliche Meinung und der Einfluss der Beispiele und Erfahrungen des Auslandes wirken.

Der D. V. f. V. könnte sich zu einer nationalen Einrichtung grössten Stiles entwickeln, welche, aus der privaten Initiative der deutschen Lebensversicherer hervorgegangen, das deutsche Volk in seinen breitesten Schichten aufs wirksamste zu freiwilliger wirtschaftlicher Fürsorge und sozialer Selbsthilfe anregen und erziehen würde.

Druck von A. W. Hayn's Erben, Berlin SW. 68.

FSC
www.fsc.org
MIX
Papier | Fördert gute Waldnutzung
FSC® C083411

Kolibri 360 GmbH
Ferdinand-Jühlke-Straße 7
99095 Erfurt, Deutschland
produktsicherheit@kolibri360.de